DÉPART

DE

M. JANVIER DE LA MOTTE

MANIFESTATION

DU DÉPARTEMENT DE L'EURE

PAR UN TÉMOIN OCULAIRE

> . . . L'un des plus brillants préfets de l'Empire.
> (Discours de M. E. Picard, *Moniteur universel du soir*, n° du 22 mars 1858.)

Prix : 60 cent.

Franco *par la poste contre toute demande **affranchie** renfermant*
70 *centimes en timbres-postes*

EVREUX

HIPPOLYTE RICHET, IMPRIMEUR

EN VENTE CHEZ TOUS LES LIBRAIRES

1868

AVANT-PROPOS

Le récit de l'ovation faite par le département de l'Eure à M. Janvier de la Motte, au moment de son départ d'Evreux, a paru dans le *Moniteur de l'Eure*, numéro du jeudi 30 avril 1868. Pitoyable ou non, notre prose a été du goût du public dont l'avidité n'est pas encore satisfaite par plusieurs tirages s'élevant aujourd'hui à *sept mille exemplaires*. A quoi attribuer ce succès inouï dans la presse ébroïcienne ? A une seule cause : c'est que nous avons été le fidèle écho de l'opinion publique.

En présence des regrets universels que causait le départ de M. Janvier de la Motte, le *Moniteur de l'Eure* se fit applaudir en se rendant, dans son numéro du 23 avril, l'organe des sentiments de l'immense majorité de la ville et du département :

» Nous n'avons pas, disait-il, à faire l'histoire des années
» passées au milieu de nous par M. Janvier. Disons tout de suite
» qu'il sera regretté et que dans bien des années on parlera encore de
» son activité et des brillantes qualités de cœur et d'esprit qui le dis-
» tinguaient à un si haut degré. Serviable à l'excès, d'un abord facile,
» il était heureux de faire du bien à ses administrés ; il consacrait
» tous ses soins à faire de l'Eure un des premiers départements de la
» France, comme il avait réussi à réunir dans le Conseil général le
» plus grand nombre de notabilités, ce qui a valu à ce conseil l'hon-
» neur d'être appelé, en haut lieu, *le premier Conseil général de*
» *l'Empire.*

» Nous disons simplement ce que nous pensons de l'homme ; il ne
» nous appartient pas de juger l'administrateur politique : à d'autres
» ce soin. — On nous disait hier : « Pour les habiles, l'ère d'une nou-
» velle ingratitude commence. » Nous ne voulons pas le croire. Les
» gens qu'il a accablés de bienfaits, les hôtes habituels de son bel
» hôtel, trouveront bien dans leur cœur, pour le regretter, autre
» chose que de muets soupirs. Ils feront mentir ce vers du vieil
» Ovide :

» *Donec eris felix multos numerabis amicos.* »

(Tout le temps que tu seras heureux
Tu compteras amis nombreux.)

Un peu plus loin, on lisait encore :

« M. Lezaud, secrétaire général de la préfecture de l'Eure, auditeur
» au conseil d'Etat, est nommé sous-préfet de Provins (Seine-et-
» Marne).

» Nous voyons avec regret M. Lezaud nous quitter, et ce regret sera
» partagé par toutes les personnes qui ont eu l'honneur de l'approcher.
» Sa franchise, sa bienveillance en faisaient un homme que l'on était
» heureux de connaître, de même que ses connaissances administra-
» tives, la rectitude de son esprit devaient bientôt le désigner à
» l'administration supérieure pour un poste plus élevé. Nous nous
» rappellerons toujours M. Lezaud : ici, ou ailleurs, nos vœux de
» bonheur le suivent.

Après la grande manifestation départementale du dimanche 26 avril,
le Moniteur de l'Eure eut le courage d'élever son langage à la hauteur de sa mission de publiciste. On s'y attendait.

Aussi à l'heure du tirage du numéro du jeudi 30 avril, ses bureaux
furent envahis par une foule avide de lire le récit du départ de
M. Janvier. Les exemplaires étaient enlevés jusque sous les presses.
A plusieurs reprises, on fut obligé de fermer les grilles de l'établisse-
ment. La distribution dura jusqu'à onze heures et demie du soir.
Beaucoup de personnes apprirent ce jour-là qu'il existe le long des
jardins de l'Evêché un boulevard qui s'appelle le *boulevard Chambau-
doin*, du nom d'un ancien préfet de l'Eure. Le lendemain, dans toutes
les communes du département, on s'arrachait le journal comme à
Evreux.

Nous avons trouvé sur ce dernier point les témoignages les plus
positifs dans la volumineuse correspondance de la rédaction. Parmi
des centaines de lettres, nous citerons seulement, n'ayant d'autre
embarras que celui du choix, les extraits suivants :

BOURG-ACHARD, 3 *mai* 1868 « ... J'ai lu avec empressement les
» lignes qui se rattachent au départ de notre estimable et bien regretté
» Préfet. Il ne s'agit pas de lire une fois en passant ces lignes d'une
» aussi grande et si légitime manifestation : il faut les conserver, les
» relire et les laisser à la postérité. Ce sera un témoignage de plus de
» notre vive sympathie..... »

BOURG-ACHARD, 3 *mai* 1868 « ...Nous avons ignoré le jour du départ
» de notre bon Préfet, sans quoi, nous nous serions rendus à Evreux.. »

BERNAY, 2 *mai*, 1868 « ...J'ai reçu les vingt-cinq numéros que je
» vous ai demandés. J'en suis très-content, et je vous prie de m'en
» envoyer encore vingt-cinq... »

PACY, 1er *mai* « ... On s'arrache le dernier numéro de votre
» journal... »

CHARLEVAL, 1er *mai*... « Notre bon préfet Janvier si regretté de
» nous tous... »

LA VACHERIE, 1er *mai* 1868 «... Je crois être l'interprète de beau-
» coup de personnes en vous envoyant mes plus sincères félicitations
» pour avoir publié dans votre dernier numéro les adieux de notre
» regretté Préfet et les manifestations sympathiques de la foule.
» Merci surtout pour ceux qui n'ont pu se rendre ce jour-là à
» Evreux !... »

CHARLEVAL, 1er *mai* «...Nous expédier dix numéros du journal que
» nous garderons précieusement en souvenir de notre cher préfet.
» Ouvriers que nous sommes, nous n'avons pu avoir, comme beaucoup
» d'autres, la dernière satisfaction, le bonheur de le revoir, et de lui dire
» adieu ; mais, au moins, nous aurons, dans le journal, ses dernières
» paroles, et ce sera pour nous un bien cher souvenir, et si dans votre

» prochain numéro on parlait encore de notre bon préfet Janvier,
» soyez assez bon pour nous en envoyer quelques exemplaires.... »

CHARLEVAL, 1er *mai* «...Envoyer cinq numéros de votre journal qui
» contient le détail du départ de M. Janvier de la Motte, notre immor-
» tel préfet. Que je puisse le lire, le relire à chaque instant, et le faire
» lire à tous mes amis! Tous nous l'aimons, tous nous l'aimerons tou-
» jours ; il est immortalisé dans nos cœurs comme dans son départe-
» ment. M. Janvier, notre bon préfet, était pour nous, non-seulement
» un magistrat aimé, mais encore un bon père chéri, quoi qu'en disent
» ses ennemis... »

GISORS, 1er *mai* «...Nous regrettons vivement de ne pas avoir su le
» jour du départ de notre regretté préfet, M. Janvier, car nous aurions
» été *du nombre de ceux qui ne trouvent pas trop lourd le fardeau*
» *de la reconnaissance*, et certes, nous nous serions rendus à Mantes.
» Je lui en ai exprimé tous mes regrets lundi... »

NONANCOURT, 1er *mai* «...L'article sur le départ de M. Janvier fait
» fureur à Nonancourt. C'est parfait ; bravo!... »

LOUVIERS, 2 *mai* «...Tout ce qui rappelle les excellentes qualités
» de notre regretté préfet, tout ce qui tend à prouver l'immense popu-
» larité dont il jouissait dans le département, nous va droit au cœur...
» Quelques numéros répandus hors du département feront voir com-
» ment M. Janvier y était aimé et estimé... »

MESNIL-SUR-L'ESTRÉES, 2 *mai* «...Je viens de lire avec une très-
» vive satisfaction l'article inséré dans votre journal sur les adieux qui
» ont été faits dimanche dernier à notre bien aimé préfet, M. Janvier.

» ..... J'ai été dans l'impossibilité la plus complète de me rendre à
» Evreux, comme j'en avais le plus grand désir, et cela a empêché ma
» compagnie d'y aller aussi, privée qu'elle se trouvait de son chef.
» Nous aurions donc le plus grand plaisir à garder dans les archives de
» notre compagnie un numéro de l'article en question, bien que le
» souvenir de M. Janvier soit vivace chez nous sans cela.... »

CHARLEVAL, 1er *mai* «...M'envoyer plusieurs numéros de votre
» journal contenant le compte-rendu du départ de notre bon Préfet ;
» c'est comme vous le dites avec raison, la plus belle page de notre
» histoire départementale... »

BOSGUÉRARD-DE-MARCOUVILLE, 6 *mai* «...La manière intéressante
» dont votre estimable et *brave* journal a rendu compte du départ de
» notre regretté, bon et généreux M. Janvier de la Motte, notre
» aimable Préfet, me fait un devoir de vous encourager dans
» votre noble chemin.

» ... Agréez l'expression de toute mon admiration et de toute ma
» reconnaissance...

LA CROIX-SAINT-LEUFROY, 8 *mai* «...Je commence par vous re-
» mercier bien sincèrement pour ma part de votre dévouement à la
» bonne cause en prêtant si généreusement votre talent et votre plume
» pour raconter fidèlement ce qui s'est passé à Evreux au départ de
» M. Janvier... Je vous dirai que jamais, peut-être, journal n'a été
» lu avec autant d'intérêt. En le lisant, que de larmes il a fait couler !
» Tout le monde a voulu l'avoir comme précieux souvenir ; on le
» demande encore comme le premier jour... »

Arrêtons-nous et contentons-nous d'indiquer l'origine d'autres
lettres contenant de nouveaux abonnements et demandant par dizaines

des numéros du *Moniteur de l'Eure du 30 avril :* Mouëttes, Mont-fort, Beuzeville, Fiquefleur, Equainville, Conteville, Saint-Pierre-Duval, Berville, Manneville, Bouteville, Saint-Sulpice, Martainville, La Lande, Saint-Léger, Pacy-sur-Eure, La Grâce, Bernay, Neaufles-sur-Risle, Fidelaire, Francheville, Rugles, Bourgtheroulde, La Bonne-ville, Thiberville, Ajou, Conches, Breteuil, Giverny, Beaumont-le-Roger, La Barre, Bourneville, Pont-Audemer, Baux-de-Breteuil, Ambenay, Plessis-Hébert, Neubourg... etc., etc. Il n'est pas possible de poursuivre plus loin ce dépouillement, nous aurions à écrire les noms de tous les cantons, et de presque toutes les communes du dépar-tement de l'Eure.

A Paris, l'émotion n'a pas été moins profonde. Plusieurs grands journaux, notamment le *Journal des Débats*, ont reproduit, *in ex-tenso,* l'article du 30 avril. Je lis dans une lettre écrite par M. le vicomte X***, à la date du 1er mai... « Cet article a acquis à Paris » une immense publicité. On en parle partout, et chacun veut l'avoir. » L'homme loyal et convaincu qui l'a écrit doit être content... »

Ces preuves en main, nous donnons le démenti le plus formel et le plus énergique aux correspondants qui ont surpris la bonne foi d'une feuille estimable de Caen, l'*Ordre et la Liberté*, numéro du samedi 2 mai. C'est un révoltant tissu des mensonges les plus incroyables, des plus odieuses calomnies. Ainsi *notre récit est de commande,* tandis que la vérité est que M. Janvier ignorait complétement que notre plume courût pour lui sur le papier. Il avait, à tort peut-être, le plus profond dédain pour les attaques dirigées contre lui dans la presse. Indigné de cette guerre déloyale ouverte contre lui, *le Moniteur de l'Eure* lui avait offert de livrer à la vindicte publique les perfidies d'un petit comité ligué à Evreux contre lui. M. Janvier était alors en Bretagne, et il en reçut cette belle et noble réponse qui fait autant d'honneur à celui qui l'écrit qu'à celui qui la reçoit :

Au château de Thiemay, par le Temple de Bretagne, le 18 avril 1868.

> Mon cher Richet,

> J'ai reçu votre lettre et je vous remercie beaucoup de vos bons
> sentiments ; mais, croyez-moi, le mieux est de ne pas répondre.
> Laissez-les donc ! votre indifférence et la mienne les blessera bien plus.
> Nous n'irions jamais aussi loin qu'eux, nous saurions nous respecter ;
> le mieux est de se taire.

> Je ne vous en remercie pas moins, et croyez à mes sentiments
> affectueux.

» JANVIER. »

Voilà comment notre récit *était de commande !* Voilà aussi la réfu-tation et la preuve de la calomnie inventée par les correspondants ébroïciens de l'*Ordre et la Liberté* quand ils assurent et tâchent de prouver que M. Janvier avait acheté le *Moniteur de l'Eure,* peu de temps avant son départ.

Autre calomnie vraiment monstrueuse, sotte et ridicule à force d'être incroyable : « on n'évalue pas aujourd'hui la carte à payer, ou » payée, à moins de 60 ou 80,000 fr. !!! » Quoi ! ces dix-neuf compagnies de sapeurs-pompiers, ces orphéons, et ces corps de musique, dont les chefs sont les hommes les plus honorables, ces maires sont venus à Evreux pour de l'argent !!! En présence de tant d'audace, que faire, sinon de hausser les épaules de pitié ? L'*Ordre et la Liberté* cite la lettre du brave Général qui commande le département de l'Eure,

mais il se garde bien de la faire suivre de la belle réponse de
M. Janvier. Les cris qui ont dominé dans toute la journée du dimanche
26 avril, sont ceux de *vive l'Empereur !* Le journal n'en dit
pas un mot. Selon lui, on aurait crié : *Vive la République !* Nous
avons fait les plus exactes recherches ; nous avons interrogé une multitude de témoins. Personne n'a entendu ce cri. Il est vrai qu'au
commencement de la manifestation quelques voix isolées ont crié :
à bas les jésuites ! mais ces quelques cris ont été étouffés immédia-
tement de la manière la plus énergique, par qui ? par les plus chauds
amis de M. Janvier, par M. Janvier lui-même avec une autorité qui
a été respectée jusqu'à son départ.

On lira ici avec intérêt l'énergique réplique qui a été faite à l'*Ordre
et la Liberté* de Caen, dans le *Moniteur de l'Eure*, nº du jeudi
7 mai 1868 :

« Les gens violents et orgueilleux sont toujours les premières vic-
times de leurs ressentiments. Ils se rendent ridicules (pour ne pas dire
plus) par la haine qui les anime et la fureur qui les dévore. Jamais ils
n'avoueront l'évidence, si cette évidence ne satisfait pas leurs passions.
L'*Ordre et la Liberté* de Caen nous en offre un exemple frappant.
Les correspondants ébroïciens de cette feuille lui ont écrit pour con-
tester, d'un bout à l'autre, le récit que le *Moniteur de l'Eure* a écrit
de l'ovation faite à M. Janvier de la Motte, le jour de son départ. Or,
nous prenons à témoins, outre les habitants de la ville, les milliers de
citoyens qui étaient venus ce jour-là à Evreux, pour attester de la vé-
racité des faits relatés par nous, dans le numéro du 30 avril. — « 300
» ou 400 pompiers et personnes étrangères à la cité, » dit l'un de ces
correspondants ; — « Les 19 compagnies de pompiers n'étaient point
» au complet ; il pouvait y avoir en tout 5 ou 600 pompiers, plus
» un certain nombre d'individus qu'on avait énivrés, » dit un autre
correspondant. — Voilà comment ces véridiques écrivains osent écrire!
De qui se moquent-ils ici ? Leurs diatribes tromperont-elles un seul
habitant de l'Eure ? Nous ne le croyons pas Il faut être bien ennemi
de la vérité, bien aveuglé par la passion pour tromper le lecteur aussi
effrontément. Nous défions l'auteur de ces lignes de se nommer ; 15,000
témoins lui diraient : tu as menti !

» Mais poursuivons la lecture de cette correspondance. « . . . . Nous ne
» suivrons pas dans tous ses détails l'organisation de cette parade à
» grand orchestre ; il nous suffira de dire que les maires, les pompiers
» et les sociétés musicales de tout le département avaient été convoqués,
» et qu'on n'évalue pas aujourd'hui la carte à payer à moins de 60 à
» 80,000 fr.; mais, qui l'a payée ?. . . . Nous n'osons répéter ce que
» plusieurs lettres nous assurent à cet égard. »

» Quelle logique! 500 ou 600 pompiers auraient coûté 60 ou 80,000 fr.!
soit 100 fr. de dépense par homme. C'est à faire pouffer de rire ou de
pitié. Vous l'entendez, braves gens, les *janviéristes* (comme les
nomme l'*Ordre et la Liberté*) vous auraient *énivrés*, menés à la
préfecture, fait crier *vive Janvier !* ils vous auraient ensuite traités,
non en citoyens, mais en ilotes, en hommes n'ayant point leur libre
arbitre. Il y a plus, selon la feuille caennaise, après vous avoir fait
crier : *A bas les jésuites ! A bas la calotte !* vous auriez aussi crié:
Vive la République ! Nous, témoins oculaires et auriculaires, nous
n'avons entendu aucun de ces cris, et, s'il y en a eu, ils n'ont été
poussés que par quelques fous ou par quelques misérables soudoyés.

» Les hommes qui, poussés par un sentiment du cœur des plus res-
pectables, ont tenu à dire adieu une dernière fois à M. Janvier, quels

étaient-ils ? C'étaient des partisans de l'ordre et de la paix. C'étaient aussi des pauvres, des malheureux. Vous raillez les pompiers, pourquoi ? parce qu'ils n'avaient pas oublié que la « reconnaissance est la » mémoire du cœur. » Pourquoi toute une classe de citoyens honnêtes, dévoués, travailleurs, est-elle le point de mire de vos railleries ? Ah ! vous ne raillez pas, Messieurs, quand l'incendie dévore vos maisons, quand ces braves et honnêtes citoyens, dévoués au bien de tous, n'hésitent pas, au péril de leur vie, à arracher du feu vos biens, vos femmes, vos enfants.... Nous les avons souvent vus à l'œuvre, et toujours leur sang-froid, leur intrépidité, leur courage ont excité notre admiration. Officiers, sous-officiers, soldats n'ont qu'une même âme, qu'une même pensée. Leur devise n'est-elle pas : DEVOIR, DÉVOUEMENT ? Quand tous tremblent, quand le sinistre tocsin jette au vent ses lugubres notes, quand le tambour appelle du secours, quels sont les premiers arrivés sur le lieu du danger ? qui le brave, qui lutte, qui conserve son sang-froid au milieu de la panique générale ? les pompiers ! ces hommes desquels vous osez rire, parce que le col de l'un sera mis de côté, ou que l'habit de l'autre sera d'une coupe peu élégante. Vos diatribes contre d'aussi utiles citoyens sont ridicules, pour ne pas dire plus.

» *L'Ordre et la Liberté* ose dire que le *Moniteur de l'Eure* est vendu à M. Janvier. Nous lui donnons le plus énergique démenti. Les gens de cœur se donnent, mais ne se vendent pas.

» Si *l'Ordre et la Liberté* n'eût attaqué que le *Moniteur de l'Eure*, nous n'eussions certainement pas répondu à ses insultes. Mais cette feuille a insulté un homme de bien ; elle a jeté l'insulte et de la boue à la face de toute une population dont le seul crime était de manifester sa reconnaissance. Quoi que vous disiez, le peuple sera toujours, malgré vos folles divagations, la grande voix de Dieu sur la terre : *vox populi, vox Dei !*

» Nous nous arrêtons devant les limites tracées par la loi : n'étant pas journal politique, nous devons contenir nos sentiments pour ne pas répondre à ces hommes d'une autre époque qui ne veulent pas croire que nous sommes entre deux mondes : un vieux monde qui s'en va et un monde nouveau qui vient. »

Je ne m'arrête point à discuter les chiffres que je n'ai indiqués que comme approximatifs. Mais le fait incontestable, dont sont témoins dix-neuf compagnies de sapeurs-pompiers, une multitude de maires, c'est que la foule était compacte à Évreux, aux abords de la Préfecture, au moment du départ de M. Janvier ; c'est qu'elle remplissait la cour de l'hôtel, la rue de la Préfecture jusqu'à la gare. C'est que M. Janvier était accueilli par les plus vives acclamations. C'est que la journée du 26 avril a été pour lui un véritable triomphe. La foule qui remplissait les rues depuis la Préfecture jusqu'à la gare, dans l'espace de plus d'un kilomètre, devait bien compter plusieurs milliers de personnes.

Les ennemis de M. Janvier ont été atterrés de cette ovation, et voilà pourquoi, *au loin* (car dans le département cela est impossible), ils s'efforcent d'en changer le caractère, de dénaturer les faits, de ne pas reculer devant le mensonge et les calomnies dont une feuille aussi honorable que l'*Ordre et la Liberté* de Caen regrettera de se faire l'écho.

L'*Ordre et la Liberté* parle de « plusieurs lettres qu'il aurait reçues et qu'il n'ose répéter. » Il faut que je dévoile ici à l'honnête feuille la ruse dont elle est victime. Plusieurs mains trempent leur plume dans le même encrier, et cela à l'air de faire nombre. Toute cette artillerie prend feu au même foyer. C'est par ce moyen qu'on est parvenu à surprendre la religion d'un ministre dont la brusque décision a surpris plus d'une personne. C'est ainsi que la conspiration de quelques individus est parvenue à lui persuader que le département de l'Eure lui demandait le changement de son préfet. La journée du dimanche 26 avril a dû dissiper bien des illusions. On voulait la faire mauvaise pour M. Janvier, et voilà qu'elle a été la plus belle journée de sa vie. J'en ai écrit l'émouvant récit avec une indicible joie.

Cette joie a été partagée par tout le département. On me cite une commune, dans la vallée d'Eure, peuplée d'ouvriers, où un seul numéro du *Moniteur de l'Eure* du jeudi 30 avril était parvenu. Tous accoururent successivement pour en entendre la lecture. Le bienheureux possesseur du numéro fut obligé de monter sur une table, tribune improvisée, d'en recommencer la lecture plusieurs fois, et, cela dura jusqu'à minuit. Tous les yeux étaient pleins de larmes. Le même fait s'est répété dans plusieurs communes.

Dans cette brochure, je complète mes descriptions, je répare des omissions dont personne n'a été plus fâché que moi, je rétablis les passages que le défaut d'espace dans les colonnes du journal m'avait forcé de retrancher, j'y ajoute quantité de documents qui appartiennent désormais à notre histoire départementale. Si je donne satisfaction aux uns, j'accumule aussi sur ma tête les haines vivaces de gens qui ne pardonnent jamais à qui n'épouse point leurs petites passions. Je le sais : mais qu'importe ! L'essentiel est que la vérité soit dite : en m'en faisant l'organe, j'aurai bien mérité du département de l'Eure tout entier. Cette vérité, je l'ai dite non pas seulement par sympathie pour celui qui en était l'objet, mais par un sentiment plus élevé : celui de la justice.

Quoiqu'en dise l'*Ordre et la Liberté* de Caen, j'ai eu la main heureuse, car le département de l'Eure a si bien reconnu, dans les colonnes du *Moniteur de l'Eure*, l'expression vraie de ses véritables sentiments, qu'il a enlevé, sous les presses de M. Richet, sept mille numéros du récit où j'avais largement répandu mon âme, et qu'il en demande encore quand il n'y en a plus. Au lieu de me relancer à la tête les pauvres injures forgées dans l'antre d'une petite cabale qui n'ose, à Évreux, lever la tête aussi haut que je porte la mienne, l'honorable feuille caennaise ferait mieux, pour son propre honneur, comme l'essaye d'ailleurs sa propre devise, de rétracter enfin les calomnies patentes, monstrueuses, qui ont été lues dans l'Eure avec le plus souverain mépris, avec dégoût. Quand on a laissé surprendre à ce point sa bonne foi, sa loyauté, sa sincérité, on a perdu toute créance, et, dans tous les cas, j'aime mieux être un pitoyable auteur que d'être obligé de me couvrir le visage de honte, pour avoir été l'infâme imposteur qui lui a écrit « que M. Janvier avait acheté le *Moniteur de* » l'*Eure*, que l'ovation qu'il a reçue était de commande, lui ayant » coûté 60 ou 80,000 francs !. . . »

26 mai 1868.

DÉPART

DE

M. JANVIER DE LA MOTTE

PRÉFET DE L'EURE

I.

Vive l'Empereur ! Ce cri national sorti à la fois de mille bouches au moment où M. Janvier recevait les adieux des populations sympathiques, se pressant à rangs serrés sur son passage, donne leur vraie signification aux événements qui se sont accomplis à Evreux dans les journées des 24, 25 et 26 avril. Le départ de M. Janvier a été pour lui un véritable triomphe, pour ses dénonciateurs obscurs une honte et une défaite éclatantes, pour ses calomniateurs le démenti le plus énergique, pour ses amis une joie et une consolation indicibles, pour le département de l'Eure tout entier, se montrant si reconnaissant, si juste appréciateur d'un grand mérite et d'un beau caractère, un immense honneur. Il est si rare de rencontrer des administrés que les bienfaits mêmes répandus sur eux ne rendent pas mécontents !... Ici, le bon sens normand se révèle dans toute son énergie : dénigrements, coalitions de partis intéressés, attaques violentes de la presse, insinuations perfides, calomnies, rien n'a pu l'altérer. Tout feu allumé contre lui était feu de paille. Malgré tout ce qu'on a pu faire et dire, le département de l'Eure s'est maintenu à la hauteur de sa réputation : il est demeuré inébranlable dans son estime pour son premier magistrat, dans son inviolable attachement à sa personne. M. Janvier avait eu raison de s'appuyer sur les masses : elles sont fortes, elles sont constantes ; elles le lui ont bien prouvé dans toutes les circonstances. Jusqu'au dernier jour, elles se sont glorieusement montrées fidèles à leur affection pour lui. Quelle leçon ! Quel dépit pour les envieux ! Ils avaient voulu sa perte et ils l'ont fait monter au capitole : voilà où ont abouti leur inimitié et leur acharnement à le poursuivre !!!

II.

Je traversais une partie du département lorsqu'il a été frappé comme d'un coup de tonnerre par cette triste nouvelle : « M. Janvier n'est plus préfet de l'Eure ! »

Le premier mouvement a été, non la colère, non le désir de la vengeance, mais la stupeur et la consternation. Son départ était considéré comme un malheur public. Que de malédictions sur ceux que l'on supposait les auteurs et les machinateurs d'une disgrâce qui avait été quelque temps redoutée, mais sur laquelle, depuis quelques jours, le département était pleinement rassuré ! Partout l'on s'écriait : à qui donc M. Janvier est-il sacrifié ? A quels hommes ? Que deviendra une place battue par des assauts continuels, si l'on permet à l'ennemi d'en ouvrir les portes et d'en chasser les défenseurs ! Comment se fait-il que le Gouvernement se prive des services de l'un de ses serviteurs les plus actifs, les plus utiles, les plus dévoués ? Oublie-t-on que M. Janvier à conquis a l'Empereur le département de l'Eure ?

Mais bientôt toute préoccupation a fait place à l'attendrissement. M. Janvier était surtout aimé. Je lis dans le *Siècle* du 26 avril « *qu'il était le roi de l'Eure* ; » il était surtout l'ami de tous. Tous le connaissaient, tous lui avaient parlé ; il avait serré la main à tous, et chose vraiment prodigieuse, sans efforts de mémoire, à la première rencontre, il appelait chacun par son nom, fût-il le plus obscur paysan.

A Evreux, à Bueil, plus de vingt mille de ses administrés l'ont acclamé. S'il l'eût voulu, il les eut tous nommés par leur nom. Pour retrouver le même prodige de mémoire, il faut remonter, dans l'histoire, à Frédéric-le-Grand, roi de Prusse, à Charles XII, roi de Suède, à César, qui connaissait par leur nom propre tous les soldats de ses légions.

Aussi tous nos bons paysans pleuraient quand ils se disaient l'un à l'autre : « est-il donc vrai que nous avons perdu notre » bon Préfet ! » C'est qu'il aimait le peuple, celui-là, et selon l'expression de Rodolphe Topffer, dans ses *Nouvelles genevoises*, « il aimait surtout le *petit* peuple. » Beaucoup l'appelaient le père de l'ouvrier.

Ils ajoutaient : « il ne partira pas, du moins, sans qu'il sache » bien ce que nous avons dans le cœur pour lui. Nous voulons » le revoir encore une fois, une dernière fois. Il nous appelait » à ses fêtes ; il faut qu'il nous voie au jour de son deuil. »

De cet élan du cœur a jailli dans toutes les campagnes et dans les villes l'idée d'accourir à Evreux pour lui dire adieu comme au meilleur et au plus généreux des amis. Elan spontané, et non commandé, comme le clabaudent entre eux, tout bas, bien bas, de peur que le peuple n'entende, ces gens qui ont la déplorable habitude de tout dénigrer. Je n'en veux point d'autre preuve que cette lettre d'un commandant de sapeurs-pompiers à l'un de ses collègues :

La Croix-St-Leufroy, le 25 avril 1868.

« Monsieur et bien cher Collègue,

» Nous avons appris par voie indirecte que le départ de notre » bien-aimé préfet, M. Janvier, était fixé à demain, et que de

» toutes parts on se proposait d'aller encore une fois lui serrer
» la main, et lui donner de nouveaux témoignages d'affection
» et de reconnaissance. Les sentiments dévoués que nous avons
» toujours pour M. Janvier, et que nous voulons lui conserver,
» nous engagent bien cordialement à faire tout ce qui dépendra
» de nous pour le revoir avant son départ. A cette occasion, j'ai
» chargé M. N..., mon sergent-major, d'aller vous voir au-
» jourd'hui pour vous prier de nous donner quelques instruc-
» tions au sujet de ce que nous devons ou pouvons faire
» demain.

« AUBERT, capitaine.»

Je pourrais citer cinquante autres lettres pareilles.

III.

A Evreux, M. Janvier se montrait calme, fort, confiant, mais profondément attendri. Il portait la tête haute, comme s'il eut conservé la plénitude de son autorité. Cette attitude faisait le désespoir de ceux qui avaient cru le voir abattu. Il est de ceux qu'on pousse, mais qui ne tombent pas. La foudre les atteint, mais ils restent debout. La fermeté du caractère est héréditaire chez lui. On reste inébranlable quand on a toujours marché droit. Comment eût-il été troublé ? D'heure en heure lui tombaient dans les mains des centaines de lettres, toutes sympathiques, toutes exprimant les plus vifs regrets, la plupart portant la trace de larmes C'est sous cette émotion qu'il a écrit sa proclamation d'adieux qui est un monument de l'éloquence du cœur, d'autant meilleure que toute prétention littéraire en est exclue. Que de personnes j'ai vues pleurer en lisant les lignes suivantes :

A MM. les Maires du département de l'Eure.

MON CHER MAIRE,

« Je m'éloigne de vous, mais sans vous quitter ; je me
» sépare, je vous l'avoue, avec une profonde tristesse. Je
» m'étais dévoué de cœur à la conduite de vos affaires, à la
» défense de vos intérêts.

» L'affection ne s'acquiert que par l'affection et l'émotion
» que je ressens vous montrerait que mon cœur reste
» attaché à ce pays que vous avez fait mien. — Oui, mien ;
» car pendant douze années, je vous ai toujours trouvés à
» mes côtés, soutiens énergiques du citoyen d'adoption que
» vous entouriez de tant de témoignages de sympathie. Avec
» moi vous avez soutenu toutes les luttes ; c'est à vous,
» serviteurs fidèles et courageux du Gouvernement de l'Empe-
» reur, que je dois tous les succès qu'il m'a été donné
» d'obtenir. Hommes de cœur, vous m'avez aidé dans les crises
» malheureuses à soulager les misères, et c'est le malheur qui

» cimente les amitiés ; il m'est doux que vous croyez que ma
» main a toujours été ouverte aux infortunes, et que je n'ai
» jamais repoussé celles qui s'adressaient à moi.

» Si ma fortune s'en est ressentie, je suis largement dédom-
» magé puisque je n'ai pas semé l'ingratitude. Je ne vois dans
» le département que des amis dont la foule est si grande
» qu'elle cache à mes yeux ces obscurs détracteurs qui, un
» jour peut-être, déploreront leurs attaques.

» Vous continuerez, mes chers Collaborateurs, à seconder
» de toutes vos forces un Gouvernement qui a tant fait pour la
» France. Les dévouements sincères ne s'altèrent pas : c'est
» ma rassurante consolation.

» Dites à vos populations, si pleines de cœur et de loyauté,
» que de loin comme de près, je ne cesserai de faire pour
» elles les vœux les plus ardents.

» Elles ne m'oublieront pas, je le sens, car je me souvien-
» drai toujours d'elles avec attendrissement.

» Adieu donc, amis que j'aime, adieu ! Mon attachement
» pour vous, pour ce pays, est inaltérable. Vôtre vous m'avez
» fait , vôtre je resterai.

» Agréez, etc.

» JANVIER. »

Evreux, le 23 avril 1868.

A l'occasion de cette lettre, l'*Avenir national* se permet sur
la libéralité de M. Janvier des plaisanteries d'un à propos et
d'un bon goût fort douteux. « Il lui était réservé, dit-il, de nous
» donner ce rare et unique exemple d'un fonctionnaire appauvri
» par une charité sans limites Pourquoi faut-il que M. Janvier
» ait, dès la première heure, méconnu sa destinée ?... Il eût fait
» un admirable évêque.»

Raillez tant qu'il vous plaira : les pauvres, les ouvriers béniront toujours sa mémoire. Sa libéralité est un fait public,
connu de tout le département. Il est à la connaissance de tous
que jamais il n'a connu une misère sans la soulager, que personne, dans la détresse, ne s'est vainement adressé à lui. Quand
les fonds de secours du budget départemental étaient épuisés, il
puisait dans sa propre bourse, et n'en tirait jamais que des
pièces d'or ; il donnait largement : quarante, cent, deux cents
francs, quelquefois davantage. Il n'est pas un canton de l'Eure
où l'on ne vous raconterait vingt anecdotes de ce genre. Vous
avez beau fouiller dans de perfides dossiers pour y trouver
d'odieux renseignements, cherchez une autre source à des embarras financiers dont il ne doit compte à personne, qui ne
regardent, au surplus, que ses créanciers aujourd'hui tous dé-
sintéressés : celle-ci est réelle. Nous vous laissons volontiers
garder votre estime à *ces robins*, dont vous parlez : « Ils ne

» connaissent pas, dites-vous, eux, la douceur de donner tout
» leur bien aux malheureux ! » Tant pis pour eux.

L'*Avenir national du 27 avril* dit encore : « Cependant une
» chose doit consoler M. Janvier : *Il n'a pas semé l'ingratitude.*
» Eh bien, il peut se vanter d'avoir une fière chance. Jusqu'à
» présent, tous les moralistes s'accordaient à dire que le plus
» sûr moyen de créer des ingrats était de répandre les bienfaits.
» L'expérience n'avait que trop confirmé cette vue des mora-
» listes ; mais voici que M. Janvier a trouvé dans le monde un
» coin béni, où les hommes sont tous ou presque tous recon-
» naissants, et où le fonctionnaire, qui s'en va, est chéri à l'égal
» de celui qui arrive. »

Nous acceptons bien volontiers ces railleries. Elles constatent
ce que nous valons ; elles sont notre éloge, et, pour me servir de
vos propres termes, c'est l'éternel honneur du département de
l'Eure que M. Janvier ait emporté « *l'assurance qu'il a fait des*
» *heureux sans faire des ingrats.* »

IV.

La reconnaissance du département de l'Eure envers M. Janvier de la Motte est un fait que personne ne peut nier. Elle a
éclaté au grand jour ; elle s'est spontanément manifestée avec un
ensemble, un entrain, un enthousiasme dont nous ne connaissons pas de précédent.

En effet, dans la journée du 25 avril, c'était tout une proces-
sion de maires qui montaient à ce cabinet préfectoral où ils
étaient toujours si bien reçus, d'où ils sortaient si heureux. La
plupart pleuraient en lui faisant leurs adieux. M. Janvier était
également ému. Ils n'est pas de ceux qui disent : « docteur,
» tâtez-moi le pouls, et voyez s'il bat plus vite qu'à l'ordinaire :
» je suis calme. » M. Janvier n'a point un cœur de marbre. Son
esprit ne l'abandonnait pas plus que son cœur, et à travers les
larmes éclataient les plus vives saillies, comme aux jours heureux. J'en rapporterais bien quelques-unes, mais il faut être
prudent : il y a des huissiers à Evreux.

Combien de braves maires, dans cette seule journée, sont
venus serrer la main à *leur préfet* ? Des centaines : on a
fini par ne plus compter. Combien de membres du Conseil général ? Tous, sans exception ; ceux qui étaient empêchés ont
écrit les lettres les plus chaleureuses.

Monseigneur l'Evêque d'Evreux, en venant en voiture, lui
faire une visite solennelle s'est grandement honoré, aux yeux
du public, par cette démonstration publique. M. Janvier avait
toujours été bon pour lui, bon pour son clergé, aussi notre pieux
prélat aimait à lui rendre cet hommage.

Ce sont les maires surtout qui ont apporté à Evreux la grande
nouvelle : le département se lève comme un seul homme ! « Nous

» revenons demain, disaient-ils ; nos populations veulent avoir
» leur maire en tête pour venir dire adieu à LEUR PAUVRE PRÉFET.»
Ce mot dit avec cœur, avec simplicité, avec familiarité même :
adieu, mon pauvre Préfet ! a frappé plusieurs fois les oreilles
de M. Janvier « Pauvre, moi ! non, mes amis, s'écriait-il. A
» plaindre d'être enlevé à vos affections, oui ; car je me plais au
» milieu de ceux qui m'aiment et que j'aime. » Mais bientôt le
magistrat reprenait le dessus sur l'homme. Il disait : « Votre
» reconnaissance m'est douce, mais je ne la veux pas pour moi
» seul, il faut la reporter tout entière sur l'Empereur ; il est la
» première source de tout le bien que j'ai fait. En rendant votre
» département prospère, en travaillant au développement de ses
» intérêts, aux progrès de l'agriculture, à la propagation
» de l'instruction primaire, j'exécutais ses volontés. Si vous
» m'aimez, la dernière grâce que je vous demande, c'est d'être
» toujours avec lui, avec sa dynastie, pour le salut de la
» France. »

C'était donc désormais un fait accompli : les populations descendent à Evreux ; une grande manifestation se prépare.

Alors une panique s'empare de certains esprits. Ils avaient
cru que M. Janvier ne tenait à rien, qu'il était mort parce qu'ils
l'avaient frappé. Et voilà qu'il était vivant dans nos cœurs ! Il y
avait poussé de telles racines qu'il faut l'effort d'une tempête
pour déraciner le chêne.

Qu'avez-vous donc fait ? Vous enlevez au peuple son meilleur
ami, aux pauvres leur bienfaiteur, aux familles indigentes leur
soutien et leur protecteur. Il donnait encore quand il n'avait
plus. On va donc savoir que l'Empereur a été trompé : le mensonge rentre dans ses ténèbres et la vérité se fait jour. Voilà
surtout ce qui faisait peur. Pourquoi tremblez-vous ? Quoi ! vous
voulez désarmer les populations ! Soit : mais il leur restera toujours leurs larmes, leur douleur et leurs regrets.

Comme cela arrive toujours dans les grandes émotions populaires, il s'est enfin rencontré dans Evreux un noble cœur, dans
lequel s'incarna l'âme de la ville tout entière, l'âme collective
qui s'appelle le département de l'Eure.

A la Mairie d'Evreux, une main, qui tremble d'émotion, ouvre
cette lettre :

« MONSIEUR LE MAIRE,

» La compagnie des Sapeurs-Pompiers volontaires et les
» membres de la Musique municipale ne sauraient oublier les
» témoignages de bienveillance que M. Janvier n'a cessé de
» leur prodiguer depuis douze ans. Ils seraient coupables de la
» plus noire ingratitude, si, au moment de son départ, ils ne
» lui donnaient une preuve éclatante et de leur sympathie et
» de leurs vifs regrets. Nous venons vous prier, Monsieur le
» Maire, de vouloir bien nous accorder l'autorisation de réunir

» nos compagnies respectives, pour le dimanche 26 de ce mois,
» afin que nous puissions aller en corps faire nos adieux à
» M. le Préfet.
» Veuillez agréer, etc.

« Le Capitaine-Commandant
» de la compagnie des Sapeurs-
» Pompiers volontaires,
» Officier de la Légion d'honneur,

» AVRIL DE BUREY. »

» Le Chef de la Musique
» municipale d'Evreux,

» MONVOISIN.

Cent mille hommes dans l'Eure eussent été heureux de signer cette lettre. Quoi de plus légitime que cette demande ! Quoi de plus naturel ! Quoi de plus en harmonie avec les sentiments de l'immense majorité de la ville et du département ! Ce qu'elle avait de séditieux et de dangereux, je ne le vois point. Mais tout est bleu avec des lunettes bleues. On ne me croirait pas si je racontais comment cette demande fut accueillie. On ne peut cependant récuser le témoignage de cette pièce officielle :

MAIRIE D'ÉVREUX.

« Evreux, le **24** avril **1869**.

» Monsieur le Capitaine-Commandant,

» Le sentiment de gratitude que vous désirez montrer à
» M. Janvier n'a certainement rien que de louable en soi, mais
» il n'est pas nécessaire pour cela d'une convocation, tant de
» la compagnie de Sapeurs-Pompiers que des Membres de la
» musique, en corps, ce qui suppose l'intervention de l'autorité
» là où elle doit demeurer absente. Laissez à chacun son libre
» arbitre et *sauvegardez, avant tout, l'ordre public*, ce que
» vous comprenez à merveille. Telles sont, Monsieur le Com-
» mandant, les raisons qui ne me permettent pas d'accorder
» l'autorisation que vous demandez.

» Agréez, etc.

» *Le Président honoraire, Maire d'Evreux*,

» HUET. »

« P.-S. — En vous envoyant cette lettre, je n'ai pas besoin
» de vous dire qu'il n'y a rien de personnel dans la mesure
» d'abstention que commande, à l'administration, le soin de
» maintenir l'ordre public que M. Janvier comme nous serions
» tous attristés de voir troublé au moment d'un départ où
» les choses doivent se passer avec autant de calme que de
» dignité. Aussi fais-je un appel à votre prudence, pour qu'en
» laissant à chacun sa liberté nous n'ayons rien de fâcheux à
» déplorer. »

En lisant cette lettre, le commandant des pompiers d'Evreux, trouva une grande surprise et un grand désappointement. La main, d'accord aussitôt avec le sentiment de la dignité et de quelque autre chose encore, traça en lettres de feu les lignes suivantes :

« Monsieur le Maire,

» Il y a des gens qui peuvent oublier qu'ils doivent tout à
» M. Janvier et trouver trop lourd le fardeau de la reconnais-
» sance : nous ne sommes pas de ce nombre. Nous tenons à lui
» exprimer, avant son départ, nos sentiments d'affection, et
» nous regrettons vivement que vous nous ayez refusé l'au-
» torisation de nous réunir en armes.

» Je n'ai point à discuter les différentes raisons qui ont
» motivé ce refus, auquel nous étions loin de nous attendre,
» mais il en est une que je ne saurais accepter : *C'est*, dites-
» vous, *pour sauvegarder l'ordre public* que vous ne per-
» mettez pas à ma compagnie de se réunir. Permettez-moi,
» Monsieur le Maire, de protester contre un pareil motif, et
» de vous rappeler que lorsque les Sapeurs-Pompiers sont
» réunis en armes, ce n'est pas pour troubler l'ordre public,
» mais pour le maintenir au besoin. Je suis profondément
» blessé, je vous l'avoue, et mes camarades le seront comme
» moi, des soupçons que l'administration municipale laisse
» peser sur nous. Nous ne voulions qu'une chose : faire au
» Préfet, qui nous quitte, des adieux reconnaissants avec
» calme et dignité : il est regrettable que l'administration mu-
» nicipale ne l'ait pas compris.

» Je vais aviser, dans les limites de mon pouvoir, pour
» que notre but soit atteint, et je puis vous assurer d'avance
» que vous n'avez rien à redouter, de notre part, en ce qui
» concerne la tranquillité de la ville et l'ordre public.

» Veuillez agréer, etc.

» **AVRIL DE BUREY.** »

A une déclaration aussi nette, aussi claire, fut faite une ré-ponse que nous ne pouvons apprécier, faute de comprendre une de ses phrases inintelligible pour nous. Jugez :

MAIRIE D'ÉVREUX.

Evreux, le **24** avril **1868**.

» Monsieur le Capitaine,

» Sans s'arrêter au commencement de votre lettre qui ne
» l'atteint pas, l'Administration municipale ne peut laisser
» passer sans réponse la partie de votre lettre *qui lui prête des*
» *soupçons contraires à l'ordre public*, dans la résolution
» qu'elle a dû prendre de ne pas autoriser la convocation de la
» compagnie de Pompiers et de Musiciens en corps, à l'occa-
» sion d'un départ qu'elle tient à voir s'accomplir dans les
» conditions les plus honorables.

3

» L'administration municipale connait trop le bon esprit
» de la compagnie de Pompiers pour ne pas rendre justice à
» ses bons sentiments. Mais il se pourrait que, malgré elle, sa
» présence fût le prétexte de troubles qu'il était prudent de
» prévenir, et c'est dans ce but unique que la mesure a été
» prise. La compagnie de Pompiers sera heureuse, loyalement
» éclairée, d'en avoir l'assurance.

» Agréez, etc.

» LEMERCIER, L. LABBÉ,   HUET,
» *adjoints.*   *maire.* »

De quoi s'avisait cependant M. Avril de Burey ? Il avisait à
ce que le sentiment de la grande majorité de la ville, et en par-
ticulier de la compagnie, à la tête de laquelle il est fier de mar-
cher, fût rendu. Il faisait imprimer la circulaire suivante :

« MON CHER CAMARADE,

» Au moment où M. Janvier va quitter notre département,
» qu'il a administré pendant douze ans avec tant de distinction,
» nous ne saurions oublier la protection et les encourage-
» ments qu'il n'a cessé de donner à l'institution des Sapeurs-
» Pompiers, et nous lui devons un témoignage de notre
» reconnaissance et de nos regrets.

» J'ai le projet de lui faire, Dimanche 26 de ce mois, une
» visite d'adieu, et je me trouverai au Magasin des pompes, à
» une heure de l'après-midi, pour me rendre de là à la Pré-
» fecture.

» Je viens vous inviter à vouloir bien vous joindre à moi.

» Veuillez agréer, mon cher Camarade, l'assurance de mes
» sentiments affectueux et tous dévoués.

» *Le Capitaine-Commandant de la compagnie des Sapeurs-*
» *Pompiers volontaires,*
» *Officier de la Légion d'honneur,*

» AVRIL DE BUREY. »

P.-S. — Grande tenue, SANS ARMES : casque avec plumet ; guêtres blanches ; ceinturon
sans giberne, sans baïonnette et sans sabre.

Le capitaine des pompiers d'Evreux, voulant rester toujours
dans la légalité, envoya copie de cette lettre à M. Huet, maire
d'Evreux, en la faisant accompagner de la notification suivante :

Evreux, le 25 avril 1868, 9 h. du matin.

« MONSIEUR LE MAIRE,

» J'ai l'honneur de vous adresser une copie de la lettre que
» j'ai fait parvenir, ce matin, aux membres de ma compagnie,
» pour les inviter à se joindre à moi, dimanche prochain, en
» uniforme, mais *sans armes*, afin d'aller faire une visite d'adieu
» à M. Janvier.

» Comme vous le verrez par cette lettre, Monsieur le Maire,
» je me suis conformé à vos instructions, en laissant à chacun
» son *libre arbitre et en ne faisant pas intervenir l'autorité :*
» c'est une simple invitation.

» Veuillez agréer, etc.

> » *Le Capitaine-Commandant de la compagnie*
> *des Sapeurs-Pompiers volontaires,*
> » *Officier de la Legion d'honneur,*
>
> « AVRIL DE BUREY. »

V.

Cependant, il se faisait nuit, et les fantômes grandissaient de plus en plus avec les ombres. Evreux commençait à s'assoupir profondément sans se douter qu'il dormait sur un volcan ou que Catilina était à ses portes. Il allait se réveiller, mis par sa propre municipalité, presque en état de siége, s'ébahir en voyant les troupes consignées dans leurs casernes, comme aux jours des délires populaires.

Le délire, ne sais où il était. Dans le cœur du peuple, il y avait profond deuil, point de colère, point d'idée de vengeance. Ce bon peuple avait admirablement compris qu'en laissant éclater son indignation, il compromettrait celui pour lequel il voulait faire une ovation comme seul il sait en faire.

A la préfecture, que surveillaient des personnages circulant mystérieusement dans l'ombre, conspirait-on ? On y dînait, non pas joyeusement, mais avec assez de gaîté cependant à cause de la bonne humeur de M. Janvier. A le voir, on n'eût jamais pensé qu'il faisait pour la dernière fois les honneurs de sa table dans cette grande salle si splendidement décorée. On l'eût plutôt cru à la veille du jour où l'Empereur et l'Impératrice venaient le combler de bonheur et de gloire en honorant son Exposition de leur auguste visite, ou bien au lendemain du jour où la ville d'Evreux avait reçu Mme Janvier de la Motte sous un arc de triomphe.

La municipalité avait fait..... quoi ? Je ne puis le dire, car la chose n'a pas de nom. Elle avait fait quelque chose pourtant, puisque le Général commandant le département envoya à M. Janvier, au milieu de ses convives, une dépêche provoquée par les craintes que l'administration municipale lui avait manifestées.

Cette dépêche, excessivement convenable, mais où se laisse deviner le sourire, qui a dû épanouir les lèvres du brave militaire, est ainsi conçue :

DEUXIÈME DIVISION MILITAIRE (N° 642.)

« Evreux, 25 avril 1868.

» Monsieur le Préfet,

» La municipalité de la ville d'Evreux vient de me faire prévenir qu'une manifestation se prépare à l'occasion de votre

» départ. Elle craint que par suite l'ordre et la tranquillité de la
» ville ne soient troublés.

» Je fais appel à votre dévouement bien connu pour l'Empe-
» reur, pour que les craintes de M. le Maire et de la municipalité
» ne se réalisent pas.

» Vous connaissez les ordonnances de S. Exc. M. le Mi-
» nistre de l'intérieur. Les pompiers qui sont convoqués pour
» vous faire une ovation ne peuvent se déplacer sans ordre de
» l'autorité supérieure, et encore moins assister en armes à
» des ovations du genre de celles qui se préparent. J'ai donc
» le droit de compter sur votre expérience administrative
» pour vous prier d'empêcher toutes espèces de manifestations,
» qui pourraient être considérées comme hostiles au gouverne-
» ment.

» *Le Général de brigade,*
» *Commandant le département de l'Eure,*

» **PELLÉ.** »

Merci, mon brave et bon général ! M. Janvier, encore préfet,
bien que préfet de première classe, *mis en disponibilité, sur sa
demande*, répondit sur le champ :

« Monsieur le Général,

» J'ai peine à m'expliquer les inquiétudes de la municipalité
» d'Evreux, et je ne comprends pas qu'elle ait cru nécessaire,
» sans examiner la législation, de placer la ville sous la protec-
» tion de l'autorité militaire. Grâce à Dieu, aucun danger ne
» menace la cité que j'aime tant ; la tranquillité publique ne
» court aucun risque.

» Si quelques personnes, qui n'ont pas oublié que j'ai fait tout
» ce que j'ai pu pour la prospérité du département, ont formé
» le projet de me reconduire à la gare, pour m'adresser un
» dernier adieu, tout se passera dans le plus grand ordre, et
» si un cri se fait entendre, ce sera le cri de : *Vive l'Empereur !*

» Les craintes de la municipalité d'Evreux sont chimériques,
» Monsieur le Général ; faites vos efforts pour rassurer la
» municipalité qui s'est effrayée à tort. Je connais depuis long-
» temps nos excellentes populations, et je crois pouvoir répondre
» de leurs sentiments.

» Veuillez agréer, etc.

« **JANVIER.** »

VI.

Le dimanche matin 26 avril, le soleil, qui n'avait jamais fait
défaut à M. Janvier et qui avait éclairé tant de ses belles fêtes,
refusa de se montrer le jour de son départ. Il se tenait caché
derrière un épais rideau de nuages, voilé de tristesse en harmonie
avec le deuil de tout le département. Malheureusement, ces nua-

ges, dès le matin, versèrent une pluie continuelle, fine et gla-
ciale, et qui détrempait les chemins. Que de milliers de personnes ont eu le chagrin de se voir arrêtées au seuil de leurs
maisons ! Malgré ce contre-temps fâcheux pour tous, heureux
seulement pour ceux dont il protégea la peur, les populations
marchaient dans la boue et sous une pluie battante pour se rendre une dernière fois auprès de leur bien aimé préfet.

Comment s'expliquer cette levée d'hommes dans l'Eure ? Par
deux causes. L'une devant laquelle s'abaissent toutes les barrières : la reconnaissance ; l'autre : l'indignation.

M. Janvier accepta la reconnaissance, mais il ne souffrit aucune protestation contre la mesure dont il était victime.

Aussi, au premier cri qu'il entendit contre ceux que l'on
supposait ses adversaires, il imposa silence avec autorité.
Il prit hautement sous sa protection ceux-là même qui lui avaient
fait tant de mal. Dès l'origine de la manifestation, il lui imprima
le caractère entièrement, absolument pacifique qu'elle a con-
servée toute la journée.

Un bon paysan cependant s'obstinait à crier. On eût toutes
les peines à l'en empêcher. « J'ai fait six heures de marche dans
» la boue, disait-il ; je suis venu exprès pour cela. » On lui
fit observer qu'il allait faire de la peine à M. Janvier. Alors il se
tut. Sur cette même observation, les quelques autres voix isolées
qui poussaient les mêmes cris furent apaisées. « Taisez-vous
» donc, leur disait-on de toutes parts : nous ne sommes pas
» venus ici pour faire de la peine à M. Janvier, mais unique-
» ment pour lui donner un témoignage de notre profond attache-
» ment. » Ainsi l'attitude de la foule était le calme, parceque
l'esprit modérateur de M. Janvier planait sur elle, et protégeait
ceux pour lesquels elle était prédisposée à se déclarer je ne dirai
pas hostile, mais simplement indignée.

L'esprit de M. Janvier vivait en elle. Ce qu'il voulait, elle le
voulait. Elle n'obéissait à d'autre impulsion que la sienne.

Tout désordre était donc impossible. Pour obtenir ce grand
calme qui a été si frappant dans cette multitude, dont les rangs
se serraient de plus en plus, il lui avait suffi de dire: « Pas
» un cri qui puisse blesser personne ! Respect à la propriété,
» aux opinions qui ne sont pas les vôtres, à la liberté de tous ! »
Ce furent, en effet, les premiers mots de M. Janvier à la foule.
Il n'y a qu'une seule chose qu'il ne put dominer: c'est l'enthousiasme dont il était l'objet.

VI.

A dix heures, les compagnies de sapeurs-pompiers, accompagnées de leurs maires, de leurs adjoints, des principaux propriétaires de leurs communes, commencèrent à affluer de tous

les points du département Les ouvriers stationnaient depuis longtemps dans la ville.

Nous vîmes successivement s'agglomérer autour de la préfecture, accompagnées de leurs fanfares et orphéons, les belles compagnies d'Évreux, de Breteuil, Conches, Damville, Pacy, Brionne, la Croix-Saint-Leufroy, Sacquenville, Fontaine-Heudebourg, la Bonneville, Fontaine-sous-Jouy, la Grâce, les Baux-de-Breteuil, Villegats, Gaillon, Venables, Francheville, la Neuve-Lyre. Celle d'Evreux était au grand complet avec la musique municipale.

Qui le croirait ? A l'entrée de la ville, ces hommes pacifiques étaient désarmés. On a essayé de désarmer. ... qui ? un athlète formidable ? un guerrier armé jusqu'aux dents ? non, une femme. C'était une cantinière qui a été assez brave cependant pour ne pas se laisser prendre son petit couteau poignard bien inoffensif. C'est par erreur que nous avons dit, dans le *Moniteur de l'Eure*, qu'on était parvenu à le lui enlever.

Quand on a voulu s'emparer des épées des officiers de pompiers, la rougeur est montée à leur visage tout français, non cette rougeur qui fait baisser le front sous l'outrage, mais bien celle qui le fait porter plus haut. Il a bien fallu leur laisser le signe d'un commandement qu'ils tiennent de l'Empereur. Indignés d'un pareil procédé, ils prirent la résolution de s'adresser à Sa Majesté pour en obtenir la réparation. En vérité, s'il n'y a pas eu une collision infiniment regrettable, qui eût tout contristé, à quoi cela tient-il ? Disons-le hautement : c'est uniquement à la sagesse, à l'amour de l'ordre, au bon esprit des populations.

Et les fanfares, les orphéons, les corps de musique, comment les a-t-on traités ? Ophicléides, trombones, cors d'harmonie, saxornes, fifres et tambours, flûtes et clarinettes, que sont-ils devenus ? La précipitation avec laquelle a été écrite la première édition de ce récit me les a fait oublier.

Ce qu'ils sont devenus ? Mais ils ont été saisis comme instruments non d'harmonie, mais comme instruments propres à donner un charivari auquel personne ne pensait, excepté ceux qui en avaient peur pour eux-mêmes. Toujours cette même préoccupation d'une démonstration hostile qui n'existait en rêve que dans les cerveaux affaiblis ou troublés, dans les consciences dont les reproches se traduisaient en puériles frayeurs.

Ce qu'il y avait surtout de fabuleux, c'est que les troupes, infanterie et cavalerie, étaient consignées dans leurs casernes. Le hasard ayant voulu qu'un régiment d'artillerie fut de passage à Evreux, les canons d'une batterie reposaient sur leurs affûts devant l'hôtel-de-ville. Ces canons étaient-ils simplement au repos ? Je le croyais. *L'Ordre et la Liberté* de Caen nous a dé-

trompés. On y lit : « Un détachement d'artillerie, venu du
» dehors, fut commandé de piquet. »

Tous ces hommes paisibles, mais tant redoutés de la municipalité, envahissant la ville, maires, adjoints, pompiers, membres
des conseils municipaux, cultivateurs et propriétaires, ouvriers
de ferme ou d'atelier, riaient beaucoup de se voir devenus tout
à coup si dangereux, si formidables, de vrais foudres de guerre.

VII.

Rassurez-vous, risibles trembleurs ! La démonstration était
toute pacifique. Des milliers d'hommes massés dans la cour
de l'hôtel, dans la rue de la Préfecture et dans les rues de
la ville, refluant jusque près des marches de la cour d'assises,
acclamaient M. le Préfet de l'Eure et criaient : *Vive l'Empereur !*

M. Janvier parut enfin au balcon de l'Hôtel de la Préfecture,
et d'une voix vibrante, improvisa une chaleureuse harangue,
sans cesse interrompue par les plus vifs applaudissements. La
foule émue criait *vive le Préfet* « Non, pas ce cri, lui disait
» M. Janvier. Je ne puis, je ne veux entendre que celui de *Vive*
» *l'Empereur !*» Et il fit une vive peinture des gloires et des bienfaits du second Empire. La voix, le geste, ces paroles jetées en
plein vent, l'action irrésistible exercée sur les masses, nous ré-
vélait une fois de plus la puissance de l'orateur, et nous faisait
songer à O'Connel et à ses chers Irlandais. Le tumulte des acclamations interrompait souvent le fil du discours. C'étaient : *Vive*
M. Janvier ! Adieu notre bon Préfet ! D'autres, au contraire,
criaient : *Au revoir, notre futur député !* Quand M. Janvier dit
ces derniers mots : « Adieu ville chérie ! adieu, mes bons maires,
» adieu, vous tous que j'ai tant aimés, » tous les yeux de ces
braves gens étaient mouillés de larmes. Quand on croyait l'orateur épuisé, il se ranima et s'écria d'une voix retentissante :
« Que mon dernier mot, que notre cri de ralliement soit toujours:
» *Vive l'Empereur !* » M. Janvier rentra alors dans ses apparte-
ments, et la foule sympathique resta sous la pluie battante sans
s'en préoccuper le moins du monde. Il reparut bientôt avec
Madame Janvier de la Motte.

« Mes amis, s'écria-t-il, je vous ai adressé mes remer-
» ciements, je vous ai fait mes adieux. Après les miens,
» recevez ceux de Mme Janvier. Vous l'aimiez déjà quoique
» l'ayant peu connue ; vous l'eussiez aimée encore davantage
» si vous l'eussiez longtemps appréciée, vous l'auriez aimée
» comme elle mérite de l'être pour la douceur de son caractère,
» pour l'inépuisable bonté de son cœur. Avec moi, vous l'eussiez
» rendue heureuse. J'ai placé en elle, et je trouve près d'elle, la
» joie, le bonheur et la consolation de ma vie. Elle ne veut pas
» que je le dise, mais je lui désobéirai cette fois, et je le dirai.

» Je lui dois tout. Elle a été, elle est mon soutien dans la mau-
» vaise fortune. » Madame Janvier, tout émue, fit entendre
ces paroles du haut du balcon : « Merci, nos bons amis, merci
» pour moi, merci pour mon mari. »

Quand Mme Janvier monta en voiture, le peuple voulut en
dételer les chevaux, et il l'eût fait si M. Janvier ne s'y fut opposé.
La foule, se découvrant sur son passage, la saluait de ses vivat.
On jetait dans sa voiture des bouquets ornés de rubans ; ce fut
jusqu'à la gare une véritable pluie de fleurs. Ce qui la touchait
surtout, c'étaient les larmes de tant de braves gens. Quand
M. Janvier parut à pied, le peuple voulut l'enlever dans ses bras,
et le porter en triomphe jusqu'à la gare. On eût toutes les peines
du monde à lui faire entendre raison.

En sortant de l'hôtel où il administrait le département de l'Eure
depuis douze ans, M. le Préfet était très-pâle, mais son attitude
était ferme, digne et calme, sa démarche décidée. Cette émotion
fut passagère et son visage reprit bientôt ses couleurs habi-
tuelles : malgré les nombreuses visites qui l'avaient littéralement
accablé depuis deux jours, il ne portait trace d'aucune fatigue.
Son organisation est d'acier ; elle résiste à toutes les veilles, au
travail le plus excessif.

Mais au moment où l'immense cortége s'ébranle pour reconduire avec honneur, unique but de la démonstration, M. Janvier
de la Motte jusqu'au plateau de la colline où s'étale d'une façon
gentille et coquette la gare d'Evreux, à un kilomètre environ de
la préfecture, qu'entends-je ? Quoi ! des fanfares, des airs de
triomphe, une marche bien accentuée ! Vous à qui cette consolation était due avant tous les autres, est-ce vous qui jouez,
musiciens d'Evreux ? Avez-vous enfin fléchi les rigueurs dont
vous souffriez tant ? Non, vous êtes mornes ; vos instruments
chéris ne sont plus dans vos mains. Qui donc fait retentir les
airs de cette harmonie, au grand contentement et aux applaudissements de la foule ? C'est la brave musique de Pacy-sur-
Eure, à laquelle s'était jointe la fanfare de Villegats. Bons gendarmes et honnêtes sergents de ville, pendez-vous ! Elles ont
trompé votre surveillance. En vain on veut imposer silence aux
fifres et aux trombones, l'intrépide capitaine Latouche s'y
oppose, et prétend que lui seul a le droit de donner des ordres
à des hommes placés sous son commandement.

Au milieu de l'enthousiasme qui débordait, le cortége cependant gravissait la rampe qui conduit au chemin de fer dans
l'ordre le plus parfait, sans aucun cri blessant pour personne,
aux acclamations mille fois répétées de : *Vive M. Janvier !
Vive l'Empereur !*

J'ai recueilli plusieurs fois cette exclamation bien naturelle à
la vue d'un semblable spectacle : « Ah ! si l'Empereur avait su,
» nous ne le verrions pas ainsi partir..... »

Quant au nombre de citoyens formant ce cortége d'honneur,

je ne saurais le dire. J'entends parler de vingt mille personnes. Qu'on en juge par ce fait que la tête de la colonne touchait à la gare, dont le vaste pourtour était déjà couvert de monde, quand les derniers rangs défilaient encore dans la rue de la Préfecture.

Lorsque nous vimes disparaître M. Janvier dans l'intérieur de la gare, dont les portes furent vivement fermées, parce que le peuple voulait s'y précipiter, l'émotion fut à son comble. La foule était si nombreuse qu'elle refluait de l'esplanade de la gare jusque sous les arches du viaduc. Les talus de la chaussée du chemin de fer étaient couverts de grappes d'hommes ; les ouvriers, les sapeurs-pompiers s'échelonnaient à une grande distance, le long des barrières du chemin de fer, pour voir passer et acclamer encore une dernière fois le bien-aimé préfet.

On ne parlait que de lui dans la foule; on citait ses bons mots ; on se racontait ses actes de bienfaisance. Le cœur chez lui dominait l'esprit, qui est cependant éminent. Il faut bien le dire : si cet homme sympathique, fascinateur, si richement doué de qualités brillantes par la nature, avait quelques lacunes ou même quelques défauts, le peuple aimait jusqu'à ses défauts mêmes. Il lui eût tout pardonné ; il lui obéissait encore, quoiqu'il ne fût plus rien, quoiqu'il ne fut plus couronné du prestige du pouvoir. Rentré dans la vie privée, il exerçait encore sur lui la même puissance, il restait à ses yeux fort comme dans ses plus beaux jours. Je fis l'observation que personne ne se résignait à l'idée que M. Janvier ne serait plus rien dans l'Eure. Absent, il y reste puissant. J'entendais dire dans tous les groupes : nous ne l'avons plus pour préfet, nous l'aurons dans un an pour député. Cette idée était dans toutes les têtes, et voilà une candidature improvisée, universelle, irrésistible.

VIII.

Nous croyions que tout était fini. Mais point. Voilà que M. Janvier reparaît à une fenêtre du premier étage de la gare, faisant signe de la main qu'il allait parler. Nouvelles acclamations. Tous les chapeaux en l'air. Silence ! Silence ! s'écriait-on de toutes parts. Et un profond silence s'établit.

L'organe de M. Janvier a vraiment une grande étendue, car j'étais placé fort loin, et, néanmoins, toutes ses paroles arrivaient distinctes à mon oreille. Un professeur placé à une des fenêtres de l'Ecole normale put saisir une partie de son discours. Plus loin encore, l'honorable M. Corbeau, qui se promenait dans son jardin, entendit parfaitement quelques mots. Le geste était ample, énergique ; voici, au décousu, celles de ces paroles qui se représentent à ma mémoire :

« Je pars, mais comme je l'ai écrit, sans vous quitter. A la
» vue de cette immense foule qui m'est si sympathique, à ce
» dernier moment, j'éprouve une émotion que je ne veux pas,

» que je ne pourrais dissimuler. Je suis bien attristé, mais je
» suis profondément touché. Si je vous ai fait quelque bien, je
» me sens largement récompensé. Vous ne trouverez pas sur
» mes lèvres une parole d'amertume contre mes adversaires.
» Pourquoi leur en voudrais-je ? Leurs efforts ont été vains, ils
» n'ont pas réussi à me déraciner de vos cœurs. Merci d'avoir
» partagé pour eux mes sentiments de générosité et de pardon !
» Merci d'avoir été dans l'ovation, que vous m'avez faite, si
» dignes et si calmes ! Conservez ce calme et cette dignité jus-
» qu'à votre retour dans vos familles, qui sont aussi les miennes.
» Je le veux. J'aperçois d'ici les murs de la Préfecture qui me
» rappellent de si touchants souvenirs. » Ici l'émotion étouffa
la voix de l'orateur. Mais il reprit aussitôt avec énergie :

« J'ai eu des douleurs, j'ai subi des épreuves, mais j'ai cepen-
» dant des consolations, et la plus grande de toutes, c'est l'as-
» surance que la manifestation dont je suis l'objet est la
» cordiale, la sincère expression de vos sentiments d'affection,
» et qu'elle me prouve qu'en venant, spontanément, m'envi-
» ronner de vos dernières sympathies, c'est à l'Empereur, dont
» l'auguste bienveillance m'a maintenu pendant douze ans
» parmi vous, que vous vous adressez. Restez toujours ses
» fermes, ses inébranlables soutiens, tels que je vous ai tou-
» jours trouvés autour de moi. Je vous rends cet hommage, que
» ma confiance en vous n'a jamais été trompée.

« Laissez-moi donc, mes amis, vous dire au revoir, en criant:
« *Vive le département de l'Eure ! Vive l'Empereur !* »

Une immense acclamation accueillit ces dernières paroles.
M. Janvier ouvrit les bras, et cria d'une voix tonnante : « Je
» vous envoie un dernier baiser, et, croyez-le bien, ce baiser
» n'est pas un baiser de Judas !...... »

Un mien voisin se pencha à mon oreille, et me dit discrète-
ment : « De qui donc, s'il vous plaît. M. le Préfet vient-il de
» parler ? — Mais, de personne, mon brave. Au milieu d'un
» pareil triomphe, quand son cœur déborde de joie et de bon-
» heur, soyez bien certain que M. Janvier ne pense qu'à nous
» seuls. Le fiel peut être dans d'autres cœurs, mais assurément
» pas dans le sien. »

Certes, ce n'est pas de lui que le poète a dit : *Tant de fiel
entre-t-il dans l'âme des dévots?*

Dans tous les cas, M. le Préfet ne voulut pas nous laisser
sous l'impression de ce mot sinistre du traître Judas. Il voulut,
avec une délicatesse extrême, que nous emportâmes de lui,
pour dernier souvenir, l'image la plus gracieuse : Mme Janvier
de la Motte parut à côté de lui à la fenêtre. Cette apparition
nous parut celle d'un bon génie, celui de l'Ange tutélaire qui
étend ses ailes sur celui que le département de l'Eure a tant
aimé et aimera toujours. M. Janvier nous renouvela ses adieux
dans les termes les plus chaleureux et les plus pathétiques.

vouement à son auguste chef. Honneur au département qui, en résistant à toutes les insinuations soufflées avec tant d'injustice contre son préfet, a prouvé son bon sens, sa persévérance, son intelligence et sa reconnaissance !!!

Quel enseignement pour le successeur de M. Janvier ! Il est certain de ne pas rencontrer ici l'ingratitude. S'il y avait des luttes à soutenir, il serait soutenu dans sa carrière administrative par les hommes les plus énergiques, les plus inébranlables dans leurs affections. Nous recevons sur lui les meilleurs renseignements, et, s'il ne nous fait pas oublier M. Janvier, (nous ne sommes pas des ingrats !) nous avons la confiance qu'il consolera le département de sa perte. Quand le gouvernement, un jour, pour reconnaître les services qu'il nous aura rendus, l'appellera à un poste plus élevé, cet exemple lui assure d'avance que la reconnaissance de ses administrés le suivra et que nos intelligentes populations béniront sa mémoire et les bienfaits de son administration.

XI.

Les dix-huit compagnies de Sapeurs-Pompiers, non convoquées comme l'a audacieusement affirmé le mensonge, mais simplement averties du jour et de l'heure du départ de M. Janvier, et leurs officiers, tous hommes honorables et très pacifiques, avaient reçu, aux portes de la ville d'Evreux, l'outrage le plus immérité, le plus imprévu, le plus incroyable : elles avaient été désarmées ! Honte à qui ose écrire qu'elles étaient payées ! Elles étaient accourues à leurs propres frais, payant place entière au chemin de fer.

Tous ces braves citoyens, en entrant dans le chef-lieu de leur département, se croyaient, avec beaucoup de raison, un peu chez eux. Dire jusqu'à quel point ils ont été ulcérés d'une pareille réception, non des habitants d'Evreux aussi blessés qu'eux-mêmes, mais de leur municipalité, seule responsable de cette mesure, c'est ce que va nous apprendre la protestation suivante, déposée, par toutes les compagnies, entre les mains de Sa Majesté Napoléon III, Empereur des Français :

1er mai 1868.

» SIRE,

» Les officiers de la compagnie des Sapeurs-Pompiers,

» Profondément émus et vivement froissés d'une défiance
» injurieuse et d'une humiliation blessante, dont ils ont eu à
» souffrir à Evreux, le 26 avril dernier, viennent humblement
» déposer leur plainte et leur protestation aux pieds du trône
» de Votre Majesté.

» Le 26 avril, M. Janvier, qui, pendant douze années, a
» comblé le département de l'Eure des bienfaits d'une adminis-
» tration paternelle et éclairée, quittait Evreux.

» Les populations, qui lui ont voué une affection sans bornes,
» prirent spontanément la résolution d'aller lui offrir, au mo-
» ment de son départ, l'hommage de leurs regrets et de leur
» gratitude.

» De tous les points du département, un grand nombre de
» compagnies de Sapeurs-Pompiers se mirent en marche, sous
» la conduite de leurs officiers, ayant à leur tête le maire de la
» commune, pour venir exprimer au haut fonctionnaire, qui
» avait si puissamment contribué à leur bonne organisation,
» leurs sentiments de respect et d'attachement.

» Cette démarche, est-il besoin de le dire?... était toute paci-
» fique, et devait être faite avec calme, dignité et recueillement.

» Hommes d'ordre et soumis aux lois, organisés pour proté-
» ger les propriétés et les personnes de nos concitoyens, dévoués
» de cœur au gouvernement de l'Empereur, nous donnions à la
» ville d'Evreux, à laquelle nous demandions une hospitalité de
» quelques heures, toutes les garanties désirables de paix et de
» tranquillité.

» Et cependant, des agents de police et des gendarmes, ap-
» postés à toutes les portes de la ville, étaient chargés, par
» suite des craintes chimériques de la municipalité, de désarmer
» tous les Sapeurs-Pompiers qui se présenteraient. Les fusils,
» les poignards, les armes de toute espèce, les instruments de
» musique, voire même les cannes des tambours-maîtres, ont
» été retirés aux hommes placés sous nos ordres.

» Nous mêmes, Sire, nous, officiers nommés par l'Empereur,
» nous, qui donnons, chaque jour, des preuves de notre patrio-
» tisme et de notre dévouement à Votre Majesté, nous, qui
» exposons souvent notre vie pour le salut de tous, nous avons
» dû subir l'outrageante humiliation de nous voir enlever nos
» épées par la main de la police.

» Grâce au bon esprit qui nous anime, nous avons su résister
» à ces imprudentes excitations, à ces provocations dange-
» reuses, et nous nous sommes soumis, le cœur ulcéré, aux
» exigences injurieuses de la municipalité d'Evreux.

» Mais nous sommes certains, Sire, que nous trouverons dans
» l'Empereur un défenseur énergique de notre honneur et de
» notre dignité, et c'est avec confiance que nous nous adressons
» respectueusement à Votre Majesté.

» Les soussignés sont avec le plus profond attachement.

» SIRE,

» De Votre Majesté,

» Les très-humbles, très-obéissants et très-fidèles
» serviteurs et sujets. »

(Suivent les signatures.)

Cette énergique protestation a été signée, dans chaque commune, sur une feuille séparée, par les officiers des dix-huit compagnies des pompiers venues à Evreux. Dans quelques communes, ont signé la protestation non-seulement tous les officiers, mais encore tous les sapeurs.

Le respect ne nous permet pas de préjuger l'accueil qui lui a été fait aux Tuileries, ni les suites qui lui seront données. Dans dans notre vieille France, on disait : Si le Roi le savait ! Il nous semble que Sa Majesté l'Empereur Napoléon III, souverain légitime de la France par la volonté nationale, doit être flatté de voir que la génération actuelle l'environne de la même confiance. On s'est dit : *Si l'Empereur savait !* L'Empereur sait. Voilà notre espoir. Il sait ! car il a lu.

XII.

Après tous les faits que nous avons relatés, il ne nous parait pas possible de nier que M. Janvier emporte, dans sa retraite, les regrets et les sympathies du départèment de l'Eure tout entier. Les compagnies de pompiers, les corps de musique, les orphéons, des ateliers d'ouvriers en masse lui ont écrit pour lui exprimer le regret de n'avoir pas connu le jour de son départ ou de s'être trouvés dans l'impossibilité de venir à Evreux pour lui faire une ovation.

De tous les points du département, les Maires des communes et les Membres des Conseils municipaux lui ont envoyé des adresses pour lui exprimer le regret que leur cause à eux et à leurs administrés la nouvelle de son départ Si nous les publiions toutes ici, elles formeraient un gros volume : il y en a plus de quatre cents. Nous en citerons seulement quelques-unes, et nous ne pouvons mieux terminer cette brochure qu'en donnant la parole au département de l'Eure lui-même, exprimant ses sentiments par la bouche de ses maires, ses organes naturels.

Heubécourt, canton d'Ecos, le 29 avril 1868.

« Monsieur,

» Nous venons vous exprimer sincèrement les regrets que
» nous éprouvons de votre départ. Depuis douze ans que vous
› administrez le département de l'Eure, vous vous êtes constam-
» ment consacré à la défense de nos intérêts ; vous avez con-
» tribué à améliorer nos édifices communaux et nos voies de
» communications ; nous vous en gardons la plus vive recon-
» naissance. Ce n'est pas en vain que vous vous êtes adressé
» à nous, quand il a fallu servir le Gouvernement de l'Empereur ;
» en toutes circonstances, vous pouviez compter sur notre
» concours.

» Agréez, etc. »

CARDONNÉ, maire ; CAHAGNE. adjoint ; A. LEVEAU, instituteur ; A. CHÉRON, MIGNARD, P. GRIPIÈRE, FÉRON, LEANNE, BÉGUIN, conseillers municipaux.

Cette 1re adresse est extraite du ***Moniteur de l'Eure***, numéro du 3 mai 1868. Nous ne nous croyons pas suffisamment autorisés pour donner les noms des signataires des autres. Nous les avons tenues dans les mains ; elles sont aujourd'hui dans celles de M. Janvier avec une infinité d'autres.

ADRESSE DE LA COMMUNE DE X.... à M. JANVIER DE LA MOTTE.

» Votre départ est un deuil pour nous tous qui nous serrions
» autour de vous avec tant de bonheur pour vous seconder dans
» tous les efforts que vous avez si heureusement tentés pour
» fonder dans notre département le grand parti de l'ordre. Votre
» administration de douze années laisse dans tous les cœurs des
» souvenirs impérissables.

» Nous vous prions d'accepter ce témoignage public de notre
» profonde reconnaissance, etc. »

(Suivent les signatures.)

AUTRE.

» C'est avec le plus profond regret que nous avons appris
» que vous quittiez notre département que vous avez administré
» avec un admirable dévouement pour tous nos intérêts. Au
» nom de tous mes administrés, je dépose respectueusement
» entre vos mains ce témoignage de notre reconnaissance.
» Agréez, etc. »

(Suivent les signatures.)

AUTRE.

» Vous nous avez quittés, et notre désolation est bien grande.
» Vous comptez dans le département de l'Eure autant d'amis
» dévoués que d'administrés. Adieu notre bon préfet ! Acceptez
» l'expression de nos regrets, etc., etc. »

(Suivent les signatures.)

AUTRE.

» Nous tenons à déposer entre vos mains un témoignage au-
» thentique des regrets unanimes que nous cause votre départ,
» et nous voulons que l'expression de nos sympathies et surtout
» de notre reconnaissance pour tout le bien que vous nous avez
» fait vous accompagne dans votre retraite.

» Vous aviez créé la puissante homogénéité du département.
» Avec vous nous étions forts, parce que nous étions unis. Cette
» œuvre de conciliation de toutes les volontés en une seule est
» une œuvre qui vous est propre, et qui sera l'éternel honneur
» de votre administration pendant douze ans. Agréez, etc. »

(Suivent les signatures).

AUTRE.

» Au nom de tous les habitans de la commune de X..., nous
» venons vous exprimer la douleur que votre départ nous a

» causée. Accessible à tous, vous n'étiez pas le préfet de quel-
» ques-uns, d'un parti, d'une coterie, vous étiez le préfet de
» tous. Le plus malheureux n'avait pas besoin de lettres de
» recommandation auprès de vous : il vous suffisait qu'il fût
» votre administré pour que toute votre bienveillance et toute
» votre protection lui fussent acquises.

» Tant de ponts jetés sur les rivières, tant de voies de commu-
» nication ouvertes, tant d'églises et de presbytères réparés,
» de mairies et d'écoles construites, le pont d'Andé, les chemins
» de fer, les Archives, l'Asile départemental laissent de votre
» administration des monuments impérissables.

» Que dire de votre bienfaisance ? Elle était proverbiale. De
» votre esprit ? Il nous charmait. De votre éloquence ? Elle nous
» eût fait passer à travers le feu. De votre cœur ? Il était d'or.
» Le souvenir de tant de belles qualités ne fait qu'augmenter
» nos regrets. Ceux qui vous ont fait du mal n'ont pas réfléchi
» qu'en vous attaquant, ils blessaient le département tout entier.
» Agréez, etc. »

(Suivent les signatures.)

Nous regrettons de ne pas être autorisés à publier une dernière lettre qui fait le plus grand honneur à M. Janvier de la
Motte. Elle prouve la belle conduite qu'il a tenue en 1857, lorsque des ordres supérieurs l'ont forcé à mettre à exécution des
mesures rigoureuses. Cette lettre émane d'un haut personnage
qui porte un des plus beaux noms du département. Elle porte
la date du 15 juin 1858. M. Janvier ignorait son existence.
Elle lui a été remise seulement la veille de son départ comme un
souvenir qui pourrait lui être agréable.

Citons seulement un passage :

» M. . . . . .

» Je ne puis accepter l'intégrité de vos remerciements au
» sujet du retour en France de M. X... Si j'ai pu, désireux de
» vous être agréable, chercher à adoucir le sort d'un malade,
» votre ami, je dois à la vérité de vous informer que l'initiative
» d'une demande de réadmission sur le territoire français avait
» déjà été prise par M. le Préfet. C'est à lui que doit revenir la
» grosse part de reconnaissance : il est de mon devoir de la
» décliner.

» Cette rectification m'a paru d'autant plus nécessaire que j'ai
» vu, à regret, mal comprise et mal appréciée à Evreux, la me-
» sure dont..... Chargé d'une pénible mission, M. Janvier a su
» la remplir, en demeurant, par pure bienveillance, au-dessous
» des instructions qu'il avait reçues. . . . .

. . . . . Rendez responsable, avant tout, du mauvais effet
» produit, l'esprit public qui juge sans connaître, qui condamne
» toujours, et dont les arrêts sont neuf fois sur dix à côté de la
» vérité. . . . .

Voilà ce que valait le Préfet que nous avons perdu! Mais consolons-nous : une grande existence lui est réservée ; il remplira un grand rôle dans l'avenir.

S'il se présente aux élections prochaines comme candidat, il n'a pas besoin de faire de programme : il est tout écrit en lettres d'or dans les douze belles années de son administration à Evreux. Son drapeau est connu de tous. C'est celui de l'empire libéral avec le progrès, le développement de l'industrie, du commerce et de l'agriculture, la propagation de l'instruction à tous les dégrés et dans toutes les classes, la multiplication du travail, et, comme sauvegarde de toute chose, l'affermissement des principes religieux et le maintien le plus énergique de l'ordre et du principe d'autorité.

A propos de cette candidature improvisée par le département de l'Eure lui-même, dans l'ovation qu'il a faite à son bien-aimé préfet, le *Journal des Débats* se demande « si l'on verra M. Jan-
» vier déployer, contre les candidats officiels, toute l'énergie
» qu'il mettait jadis à les soutenir ? s'il aura, en ce cas, autant
» de facilité à tenir des réunions en plein vent, quand il s'agira
» de soutenir sa candidature que quand il avait à combattre
» celle du prince de Broglie ? »

M. Janvier n'aura rien, absolument rien à faire pour soutenir sa candidature ; il n'aura besoin ni de circulaires électorales ni même de bulletins de vote, ni de quitter les frais ombrages de sa retraite du Thiemay. Nous le connaissons.— A Evreux, à Bueil, partout, nous nous sommes vus, nous nous sommes compris, nous nous sommes comptés. Pour que sa candidature triomphe sur tous les points, il suffit qu'elle soit simplement posée, que M. Janvier accepte le mandat que nous lui avons offert d'avance par acclamation. De brillantes qualités du cœur et de l'esprit, parfaitement connues, les plus grands services rendus au département de l'Eure, un dévouement sans bornes à nos intérêts, la justice, la reconnaissance, l'affection profonde que nous lui avons vouées, quels puissants auxiliaires ! Ajoutons, ce qui n'est pas à dédaigner, la force irrésistible est de notre côté : nous avons la toute puissance du nombre. Nous **sommes** Normands, nous sommes persévérants.

La journée du 26 avril nous a, une fois de plus, révélé la force et la puissance de sa parole. A un incontestable talent, M. Janvier unit la connaissance, la pratique et l'expérience des affaires. Orateur, il serait tout aussi écouté que son père, l'ancien député de Tarn-et-Garonne, dont le Palais-Bourbon n'a pas perdu le souvenir.

FIN.